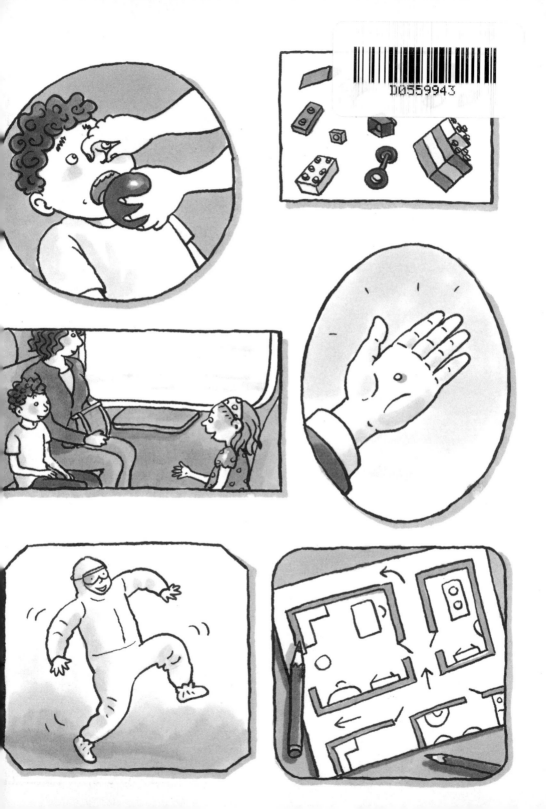

Een pil met een lab erin

Een pil met een lab erin

Martine Letterie
Tekeningen van Juliette de Wit

LEES N!VEAU

	ME	ME	ME	ME	ME	
AVI	S	3	4	**5**	6	7	P
CLIB	S	3	4	5	6	7	8	P

techniek, dromen

Toegekend door Cito i.s.m. KPC Groep

aVi 7

Kinderen Lezen Techniek

1e druk 2009
ISBN 978.90.487.0538.2
NUR 282

Vormgeving: Rob Galema

© 2009 Tekst: Martine Letterie
© 2009 Illustraties: Juliette de Wit
Uitgeverij Zwijsen B.V., Tilburg

Voor België:
Uitgeverij Zwijsen.be, Antwerpen
D/2009/1919/371

Inhoud

Op bezoek in het ziekenhuis   11
De oma van Floor   17
Een onderzoeker op het journaal   22
Een ruimteschip   26
Een pil zo groot als een tennisbal   32
Een plan van mam   37
Op reis naar Enschede   42
Albert van den Berg   47
Een rondleiding door het nanolab   53
We bouwen een lab!   59
Oma komt weer thuis   63
Nanotechnologie   68

Op bezoek in het ziekenhuis

'Zet hier je fiets maar neer,' zegt juf.
Nanne zet zijn fiets netjes naast die van
Floor. Hij kijkt naar het grote gebouw. Dit is het
ziekenhuis. Hier krijgt de klas een rondleiding
vandaag. Leuk! En ook een beetje eng. Nanne is nog
nooit in een ziekenhuis geweest.
In de hal staat een meneer.
'Zijn jullie groep vijf van De Petteflet?' vraagt hij. 'Ik
heet Buster en ik zal jullie Pettefletters rondleiden.
Kom maar mee! We beginnen bij de spoedeisende
hulp.'
Buster loopt voorop en de kinderen van de klas gaan
achter hem aan.
'Gisteren was ik hier ook,' zegt Floor tegen Nanne.
'Mijn oma ligt in dit ziekenhuis.'
Dat wist Nanne niet. Maar voor hij iets kan vragen,
staat Buster stil. Hij draait zich om.
'We zijn er! Ik presenteer jullie: de spoedeisende
hulp!'
Nanne kijkt om zich heen. Wat ruikt het hier raar.
Waar kun je nou aan zien dat dit de spoedeisende
hulp is? Het lijkt meer een grote wachtkamer. Er
staan houten banken die in verschillende kleuren

geschilderd zijn. Op een ervan zit een jongetje. Hij houdt zijn arm vast en huilt zachtjes.

'Stil maar, Pieter,' zegt de mevrouw naast hem. 'De dokter komt zo.'

'Hier kom je terecht als je een ongelukje hebt gehad,' legt Buster uit. 'De dokter helpt je zo snel mogelijk. Er gebeuren soms rare dingen. Gisteren was hier een jongen met een knikker in zijn neus.'

Nanne schiet in de lach.

'Ssst,' zegt Floor. 'Dat is niet om te lachen, het is gevaarlijk, hoor!' Maar dan giechelt ze zachtjes mee.

Er komt een jonge vrouw in een witte jas de wachtkamer inlopen.

'Wie is Pieter Bosboom?' vraagt ze vriendelijk.

'Ik!' De huilende jongen staat meteen op. 'Ik ben gevallen bij het skateboarden. Ik denk dat ik mijn arm gebroken heb.'

'Ik ben dokter Elise,' zegt de jonge vrouw. 'Ga maar mee. Ik zal je arm bekijken. Waarschijnlijk moeten we er even een foto van laten maken.'

'Een foto?' fluistert Nanne. 'Ik zou nooit huilend op de foto willen.'

'Kom,' zegt Buster. 'Wij gaan naar de afdeling waar de foto's gemaakt worden. Loop maar achter mij aan.'

Er wordt een röntgenfoto van de arm van Pieter gemaakt. De klas van Nanne en Floor mag kijken hoe dat gaat. Buster legt intussen uit hoe het werkt:

12

'Er wordt geen foto van Pieter zelf gemaakt, maar van zijn botten. Dat gebeurt met stralen.'

Daarna gaat groep vijf met de lift naar boven. Daar is de kinderafdeling.

'Het ziet er hier gezellig uit,' vindt Floor.

Nanne is het roerend met haar eens. Op de muren zijn vrolijke tekeningen gemaakt. En er loopt een kleurig uitgedoste clown rond.

Na de afdeling voor kinderen bekijken ze verder de operatiekamers en de gipskamers, waar gebroken armen en benen weer gemaakt worden. Ten slotte gaan ze naar het bloedlab. Daar wordt het bloed van patiënten geprikt.

'Dit was het, jongens,' zegt Buster uiteindelijk. 'Nu hebben we voldoende gewerkt! Gaan jullie mee naar het restaurant? Daar staat voor jullie allemaal limonade klaar. En misschien is er nog wel iets lekkers bij.'

Nanne stoot Floor aan. 'Wij gaan met de trap!'

De rest gaat met de lift, maar Nanne en Floor zijn toch nog als eersten in het restaurant. Op een lange tafel staat een bordje: *School De Petteflet*.

Twee koks zetten er glazen en bekertjes neer. De ene kok is een heel lange, dunne man. De ander is een kleine, dikke vrouw. Onder haar koksmuts piekt het haar alle kanten op. Ze heeft erg rode wangen.

'Dat jij mijn appeltaart niet lekker vindt …' Met

een flinke klap zet ze een bekertje op tafel. 'Jij kunt
er zelf niets van. Kijk jij wel eens naar de tv-show
van Piet en Riet? Dat zijn de allerbeste koks van de
hele wereld. Van hen heb ik geleerd hoe ik appeltaart
moet bakken.'
'Leer jij dat van televisie, An?' vraagt de lange,
magere kok. 'Kun je dat niet zelf? Kom mee naar de
keuken en proef mijn overheerlijke kersentaart.' De
lange kok gaat voorop en de kleine, dikke volgt hem.
Het is een open keuken en Nanne kan goed zien wat
er gebeurt. Wat een eigenaardig stel is dat, zeg! An
buigt zich over de verse kersentaart.
'Hij ruikt hartstikke smerig. Ruik zelf maar, Har.'
Har buigt zich nu over de taart. An staat achter hem
en duwt hem pardoes met zijn gezicht erin. 'Noem je
dat een goede taart?' lacht ze.
Hars wangen zitten onder de kersen. 'Ben je helemaal
betoeterd? Die taart was voor de kinderen van De
Petteflet!'
Hij pakt de mixer en zet die aan. Het is een mixer
zonder snoer. 'Ik zal je krijgen!' Hij rent op An af.
Die holt het restaurant in en Nanne kan maar net
opzij springen. Deze koks zijn werkelijk knettergek!
Intussen is de rest van de klas ook in het restaurant.
De kinderen zitten keurig aan tafel. En An rent
er rondjes omheen. Har achtervolgt haar met de
draaiende mixer. 'Je hebt mijn taart verpest!'

14

Dan staat juf op. 'Is het nu uit! Jullie lijken wel kleine kinderen! Ga als de bliksem naar de keuken!'

Gek hoor, dat juf moet ingrijpen, maar het helpt wel. An en Har kijken elkaar woest aan. Ze gaan naar de keuken, maar hun ruzie is nog niet over.

'Wij gaan terug naar school,' zegt juf. 'Het was een leuk uitje, maar wel met een bijzonder vreemd einde.'

De oma van Floor

'Mag ik even bij mijn oma op bezoek, juf?' vraagt Floor in de hal van het ziekenhuis. 'Zij ligt hier op de zesde verdieping en het bezoekuur begint zo meteen.'

Juf krabt op haar hoofd. 'Weet je moeder dat je naar je oma gaat? En ga je dan straks alleen naar huis?'

Floor knikt. 'Ik had het al tegen mijn moeder gezegd.'

'Zal ik anders meegaan?' stelt Nanne voor. 'Dan fietsen we daarna samen naar huis. We wonen toch vlak bij elkaar. Mag ik mijn moeder even bellen?'

'Prima,' zegt juf. Ze geeft haar mobiel.

Nanne belt en zijn moeder vindt het gelukkig goed.

'Kom.' Floor loopt naar de hal. 'Zullen we deze keer met de lift naar boven gaan?'

'Ja, leuk.' Nanne drukt op de knop. 'Wat heeft jouw oma eigenlijk? Is ze ook gevallen, net als die jongen bij de spoedeisende hulp?'

De liftdeur gaat open en Floor stapt als eerste in de lift. 'Nee, mijn oma heeft darmkanker.'

Nanne schrikt. Dat klinkt griezelig. Wat moet hij straks tegen Floors oma zeggen?

Hij kent haar nauwelijks.

Ze zijn op de zesde en Floor weet precies waar oma ligt. 'Zeshonderdvierentwintig. Dit is haar kamernummer.'

Er staan twee bedden in de kamer, allebei met een vrouw erin. De vrouw in het linkerbed is heel oud en ze slaapt. Ze heeft bijna geen haar en haar wangen zijn mager. Nanne blijft bij haar bed staan. Wat is Floors oma veranderd!

'Hé, Nanne!' zegt Floor achter hem. 'Wat sta je nou naar mevrouw Verbeek te kijken? Hier is mijn oma.' Nanne draait zich om en ziet een veel jongere vrouw met zwarte krullen in het andere bed liggen. Nu herkent hij haar. Nanne krijgt een kleur. Wat stom van hem!

Floors oma merkt niets van zijn vergissing en ze praat gewoon door. 'Wat leuk dat je ook op bezoek bent, Nanne. Jullie zijn een beetje te vroeg voor het bezoekuur. Dokter Pinedo komt zo nog langs. O kijk, daar is hij!'

Er komt een man binnen met een vriendelijk gezicht en donker haar met hier en daar wat grijs erdoor. 'U heeft bezoek, zie ik!'

'Dit is mijn kleindochter Floor,' zegt Floors oma trots.

'En dit is Nanne,' vult Floor aan. 'Hij zit bij mij in de klas. We kregen vandaag een rondleiding door het ziekenhuis.'

'Zo, dat klinkt interessant,' lacht dokter Pinedo.
'En nu komen jullie bij oma kijken? Ik ook. Ik
heb onderzoek gedaan in oma's buik. Ik kom haar
vertellen dat de chirurg haar overmorgen gaat
opereren.'
Er trekt een rilling over Nannes rug. Dat klinkt
griezelig. Hij begrijpt eigenlijk niet precies wat Floors
oma heeft. Ja, darmkanker. Maar wat is dat? En hoe
krijg je dat? Zou het besmettelijk zijn? Of is het
alleen voor oude mensen?
'Schrik je daarvan?' vraagt dokter Pinedo aan Nanne.
Die knikt. 'Ik weet niet hoe je het krijgt.'
'Dat snap ik,' zegt dokter Pinedo. 'Ik zal het proberen
uit te leggen. Weet je wat DNA is?'
'Ja!' roept Floor. 'Iedereen heeft het en als een boef
ergens een haar of zo achterlaat, zit daar DNA in.
Daaraan kan de boef herkend worden.'
'Dat klopt wel zo ongeveer,' lacht dokter Pinedo.
'Ieder wezen, dood of levend, heeft DNA in zijn
cellen. Een mier, een mens, een olifant, echt allemaal.
En dat DNA is uniek, het bepaalt wie je bent. Dat
maakt dat je blauwe ogen hebt, en donkerblonde
haren bijvoorbeeld.
De politie vindt soms een nagel van iemand, of
een haar. Meestal lukt het om aan de hand daarvan
iemands DNA te bepalen. En daaraan kan iemand
dus herkend worden.

De oma van Floor heeft darmkanker. Die ontstaat omdat het DNA in de darmen verandert. Daardoor gaan darmcellen vreemd groeien. En dat is kanker. Tijdens de operatie probeert een chirurg de foute cellen weg te snijden. Een chirurg is een dokter die goed kan opereren.'

'En is het dan over?' vraagt Nanne.

'Als het goed is wel. Als alle foute cellen weg zijn, is de kanker weg.'

'Dus oma gaat niet dood?' Floors stem bibbert een beetje.

Oma gaat rechtop zitten en slaat een arm om haar kleindochter heen. 'Gekkie! Dat ben ik helemaal niet van plan. Dokter Pinedo maakt me weer beter.'

'Dat is wel de bedoeling,' zegt die. 'En nu wil ik even alleen met oma praten, over de operatie van overmorgen.'

'En de chirurg dan?' vraagt Floor.

'Die komt morgen bij oma langs,' zegt dokter Pinedo.

Nanne begrijpt dat Floor en hij nu echt weg moeten. Hij staat op. 'Wij gaan nu naar huis, hè Floor?'

Floor geeft oma een dikke kus. 'Ik kom gauw weer! En mama komt vanavond, moest ik zeggen.'

'Dat is goed, lieverd,' zegt oma. Ze pakt haar handtas en haalt er een reep chocola uit. 'Die is voor jullie, voor onderweg.'

Floor en Nanne stappen zonder te praten in de lift naar beneden. Ze hebben teveel om over na te denken.

In de hal rent kok Har hen voorbij en even later kok An. Ze zwaait met een pollepel. 'Halve gare, je hebt mijn soep verpest!' roept ze.

Floor schiet in de lach. 'Sommige dingen blijven altijd hetzelfde.'

Een onderzoeker op het journaal

Het is avond en Nanne zit op het grote kleed in de huiskamer met lego te spelen. Hij heeft een rood kastje met kleine laatjes. Daarin bewaart hij zijn legoblokjes. Nanne heeft het kastje naast zich op het grote kleed gezet. Nu moet hij nog een grondplaat hebben. Hij pakt de grote groene. Wat zal hij eens maken? Weet je wat, hij bouwt het ziekenhuis.

Boven doet papa Nannes kleine zusje Emma in bad. Nanne hoort hoe ze lacht en spettert. Mama komt de kamer binnen.

'Hoe was de rondleiding?' vraagt ze.

'Leuk,' zegt Nanne. 'Ik bouw het ziekenhuis nu van lego.'

'Goed idee,' zegt mama. 'Ik zet de televisie aan. Ik wil het journaal graag zien.'

Een klikje en daar klinkt de stem van de nieuwslezer door de kamer. Hij praat over oorlog in een ver land. Nanne maakt een rechthoek van legoblokjes. Dat is de buitenkant. Daarna bouwt hij de hal. En hier komen de liften en bovenin is het restaurant. Ineens ziet Nanne die knotsgekke koks weer voor zich. Dat heeft hij niet eens aan mama verteld.

'En nu een prijs!' zegt de man van het journaal.

Nanne laat de blokjes liggen. Een prijs is goed
nieuws, en daar houdt Nanne van. Hij loopt naar de
televisie.
'Vandaag is bekend geworden dat Albert van den
Berg de Spinozaprijs krijgt,' zegt de nieuwslezer.
'Voor zijn uitvinding van een lab op een chip.'
'Wat is een chip?' vraagt Nanne. Hij denkt aan
zoutjes, maar dat zal wel niet kloppen.
'Dat is een heel klein ding,' antwoordt mama. 'Dat
gouden stukje op mijn bankpas, dat is bijvoorbeeld
een chip.'
'O ja,' weet Nanne ineens. 'Er zitten ook chips in de
computer.'
Intussen is er een gesprek met Albert van den Berg
op tv. De prijswinnaar staat naast een mevrouw met
een microfoon.
'Wat is een lab op een chip?' vraagt ze belangstellend.
'En wat heb je eraan?'
'Lab is de afkorting van la-bo-ra-to-ri-um. Dat is een
plek waar onderzoek gedaan wordt,' legt Albert van
den Berg uit.
'Je hebt in het ziekenhuis bijvoorbeeld een lab. Daar
wordt bloed van zieke mensen onderzocht, zodat de
dokter kan zien wat je mankeert.'
Nanne moet aan Floors oma denken. Haar bloed is
vast ook onderzocht.
'Nu heb ik een lab gemaakt, dat heel klein is,' gaat

Albert van den Berg verder. 'Het is zo klein dat het in een pil past. Een patiënt kan het lab inslikken en zo wordt hij vanbinnen onderzocht.'

De dame met de microfoon knikt aandachtig. 'Kunt u daarvan een voorbeeld geven?'

'Jazeker,' zegt Albert van den Berg. 'Het is heel belangrijk voor het onderzoek naar darmkanker.'

'Dat kun je krijgen als het DNA in je darmen ineens verandert,' zegt Nanne zacht.

'Hoe weet jij dat?' vraagt mam verbaasd.

Maar Nanne antwoordt niet. Hij luistert naar Albert van den Berg.

'Darmkanker ontstaat als iemands DNA in de darmen verandert. Dit lab kan dat meten. Het lab op een chip kan het veel vroeger ontdekken dan een gewone dokter.'

'Hoe weet je wat dat lab meet?' vraagt de journaliste.

'Het lab geeft een signaal naar buiten. Buiten de buik dus. Bijvoorbeeld aan de mobiele telefoon van de dokter,' antwoordt Albert van den Berg.

'Dat lab belt je dus gewoon op!' roept mama. 'Het is briljant! Wat enorm knap! Ik begrijp dat die man een belangrijke prijs krijgt. Floors oma heeft toch darmkanker?'

'Ja,' zegt Nanne. 'Ik was met Floor bij haar. De dokter was er ook. Ze snijden overmorgen de foute cellen weg.'

'En die foute cellen, die kan dat lab meten,' zucht
mama. 'Dat is nog eens heerlijk nieuws.'
'Ik ga koffie inschenken voor papa en mij. Wat wil jij
drinken?'
'Vruchtenthee, alsjeblieft.' Nanne pakt een legoblokje
uit het laatje. Maar hij is er met zijn hoofd niet bij.
Hij denkt aan het lab in een pil. Het is heel knap, en
het is goed nieuws. Dat begrijpt hij. Maar toch …
Een lab in je buik dat naar het mobieltje van je
dokter belt … Hij vindt het ook een griezelig idee.
Hij denkt ineens aan die jongen waar Buster over
sprak. Die met die knikker in zijn neusgat. Een
knikker in je neus, een lab in je buik … Brr …

Mam zet een dienblad met bekers op tafel.
'Mam, hoe zou dat lab weer uit je buik komen?'
vraagt Nanne bezorgd.
Mama lacht. 'Dat weet je best. Als je iets inslikt, hoe
komt dat er weer uit?'
'Je bedoelt … Dat poep je er gewoon weer uit?'
'Dat denk ik wel,' zegt mama. Ze loopt naar de
kamerdeur. 'Koffie!' roept ze naar boven.
En Nanne ziet een lab voor zich, dat al bellend in de
wc verdwijnt. 'Piep, piep …'

Een ruimteschip

Nanne heeft geen idee waar hij is. Zit hij in de
auto? Nee, in ieder geval niet in hun eigen
auto. Maar waar is hij dan? Hij zit wel in een
voertuig. Het beweegt. Ineens weet hij het. Hij zit in
een ruimteschip! Hoe komt hij daar terecht?
Hij zit in een soort cockpit, achter de stoelen van de
bestuurders. Die weten niet dat hij er is. Hij hoort ze
praten, maar hij ziet ze niet. Het zijn een man en een
vrouw. Hun stemmen komen hem bekend voor. Wie
zijn het toch? Voorzichtig kijkt hij om een hoekje.
Zijn hart slaat meteen een slag over. Het zijn Har
en An, die vreemde koks uit het ziekenhuis. An zit
achter een stuur. En gek genoeg zit Har ook achter
een stuur. Zou dat wel goed gaan?
Nannes adem gaat vanzelf sneller. Onzin. Hij
moet niet in paniek raken. Misschien werkt zo'n
ruimteschip net als een vliegtuig. Met een piloot
en een hulppiloot. De hulppiloot kan sturen als de
piloot ziek of misselijk wordt. Dat is juist veilig.
Het raam waardoor Har en An naar buiten kijken
is klein. Buiten is het aardedonker. Zouden ze wel
zien waar ze naartoe gaan? Nanne kan het zich niet
voorstellen. Onder het raam ziet hij allerlei klokjes,

knopjes en metertjes. En boven hun hoofden ook.
Misschien helpen die bij het sturen.

'Hier gaan we rechtsaf!' roept An.

'Nee, linksaf!' Har trekt ook aan zijn stuur. Het
ruimteschip wiebelt vreemd heen en weer. Nanne
pakt de leuning van Ans stoel stevig beet. Straks knalt
hij tegen de zijwand aan!

An trekt opnieuw aan haar stuur. 'We moeten niet
naar links! Zo komen we er nooit! We hebben de
opdracht om onderzoek te doen. We moeten naar de
darmen.'

'Precies!' Har rukt het stuur weer naar links. 'Daar
komen we nooit op jouw manier.'

Verstond Nanne dat nou goed? Zei An darmen? Dat
heeft hij vast verkeerd verstaan. Misschien bestaat er
wel een planeet of een ster die Darme heet. Hij weet
niet veel van sterren en planeten.

Intussen heeft Nanne het gevoel of hij op de kermis
is. Het ruimteschip gaat steeds sneller en sneller. Het
slingert heen en weer. Het lijkt wel de achtbaan, maar
dan erger. Het zweet breekt Nanne uit. Zijn hoofd en
zijn buik draaien. Wanneer zou dit ophouden?

'Har, kijk toch uit!' roept An. 'Je lijkt wel een
stuntpiloot!'

'Jij bent zelf een stuntpiloot. Laat dat sturen maar
aan mij over! Als we zo doorgaan komen we in
Nannes oor terecht. En we moeten naar de darmen

van die jongen. Daar moeten we naar zijn DNA kijken.'

'Dat weet ik ook wel,' zegt An. Ze laat het stuur los en begint aan de knopjes te draaien.

'Ik ben klaar voor het onderzoek. Darmen van Nanne, ik kom eraan!'

Nanne springt overeind. 'Hou op! Ik ben hier! Jullie moeten uit mijn darmen!'

Het ruimteschip maakt een woeste draai en Nanne valt om.

'Daar had ik bijna zijn hart geraakt!' roept An. Ze gaat rechtop staan en steekt haar armen in de lucht.

'Wel je stuur vasthouden, alsjeblieft!' roept Nanne. 'Je hebt het over mijn hart!'

'Hoor jij iets?' vraagt Har. 'Het is net alsof er iemand roept.'

An schudt haar hoofd. 'Nee, ik hoor niks. Houd liever je aandacht bij het stuur.'

'Let op, ik geef plankgas!' Har gaat zitten en het ruimteschip schiet vooruit. 'We gaan door zijn oor naar buiten!'

'Help alsjeblieft,' gilt Nanne. 'Help!'

Het ganglicht gaat aan en Nanne zit rechtop in bed. Met beide handen houdt hij de bedrand vast. Zijn haar is nat van het zweet.

'Wat is er, Nanne?' Papa komt naast hem op bed

zitten. 'Volgens mij had je een nare droom.'

Nanne grijpt naar zijn buik. 'Har en An gingen in een ruimteschip op weg naar mijn darmen!'

Nanne zucht. 'Gelukkig zijn ze er weer uit. Ze gingen door mijn oor naar buiten.'

Ook mama komt de slaapkamer in. 'Had je een nachtmerrie? Waarover ging het?'

Papa haalt zijn schouders op. 'Ik snap er niets van. Hij droomde dat er een ruimteschip in zijn buik zat.'

Mama lacht. 'Ik snap het wel. Gisteren keken Nanne en ik samen naar het journaal. Daar ging het over een lab op een chip dat zelfs in een pilletje kon. En als je het lab inslikte, kon het zo je darmen onderzoeken. Misschien stelde Nanne zich die pil als een ruimteschip voor, toen hij het hoorde.'

'Misschien wel,' zegt Nanne. 'Dat ruimteschip was in ieder geval op weg naar mijn darmen. Daar gingen ze iets meten.'

'Ik haal een bekertje water,' zegt pap. 'En kijk voortaan liever naar het Jeugdjournaal. Dat lijkt me stukken beter!'

'Maar dit was goed nieuws,' zegt mam. 'Dat is nou juist zo gek. Dat je van goed nieuws een nachtmerrie krijgt.'

Nanne haalt zijn schouders op. 'Goed nieuws, maar het klonk ook wel griezelig.'

Een pil zo groot als een tennisbal

De volgende avond treuzelt Nanne voor hij naar bed gaat. Hij moet steeds aan die droom van gisteren denken.
'Nu is het echt bedtijd,' zegt zijn moeder dan.
'Ga maar vast liggen, ik kom zo meteen nog even voorlezen.'
Fijn! Ze zijn in een spannend boek over ridders bezig. Mama komt even later boven en leest twee hoofdstukken in plaats van één.
Daarna komt papa en Nanne krijgt een kus van allebei, voordat mama het licht uitdoet. 'Nu lekker slapen!' zegt papa. Hij sluit de slaapkamerdeur achter zich.
Nanne draait zich om en denkt aan de dappere ridders voor hij in slaap valt.

Nanne is in het ziekenhuis. Hij kent er de weg goed. Dat komt vast door de rondleiding. Hier is de hal met de liften. Boven is de kamer van Floors oma. Als je die kant op gaat, kom je op de spoedeisende hulp. En hier is het restaurant. Daar gaat Nanne naartoe. Hij gaat er even iets drinken en gebak eten. Net als de vorige keer, maar nu is hij alleen.

'Welkom, Nanne!' Kok An maakt een buiging voor hem. 'We wisten dat je zou komen.'

Er kriebelt iets in Nannes buik. Hij vindt kok An eng. Zou dat door die rare droom van laatst komen? An is niet echt eng. Ze heeft alleen af en toe ruzie met Har.

'We hebben een tafeltje, speciaal voor jou. Daar in de hoek,' wijst An. 'Ik kom je zo de menukaart brengen.'

Nanne loopt naar het tafeltje. Vreemd. Het staat wel erg ver van de rest. Hier kan niemand hem zien. Zou dat toeval zijn? Dat moet wel. Hij gaat zitten.

Daar is An met de menukaart. 'Kijk maar waar je zin in hebt.'

'Dat weet ik al,' zegt Nanne. 'Ik wil vruchtensap en taart.' Hij geeft de menukaart weer terug.

An schudt haar hoofd. 'Je moet eerst op de kaart kijken. Zo hoort het.'

Nanne zucht en hij doet de menukaart open. Wat een gekke kaart! Er staat maar één ding op: *Een pil met een lab erin*. Meer kun je niet kiezen.

'Geef me dan maar limonade met taart,' zegt Nanne. 'Dat had ik de vorige keer ook. Het moet in de keuken zijn. Vraag het maar aan Har, die andere kok.'

Anne knikt en maakt een kleine buiging. Zwijgend verdwijnt ze.

Even later komt ze terug met Har. Die heeft zijn handen op zijn rug. Hij lacht een beetje gemeen, vindt Nanne.

'Je kiest niet van de kaart, volgens An.' Har klinkt dreigend.

'Dat klopt,' zegt Nanne. 'Maar limonade met taart moet toch wel kunnen?'

Har haalt een touw achter zijn rug vandaan en An pakt Nanne beet. 'Bind hem vast! We laten hem niet gaan. Eerst moet hij van de menukaart kiezen.'

Har bindt Nanne vast. Die gilt, maar er komt geen geluid uit zijn mond. Hij lijkt een goudvis in een vissenkom. Hij hapt naar lucht en doet zijn best om te gillen, maar het lukt niet. Hij schopt en slaat, maar niets helpt.

An houdt hem de menukaart opnieuw voor. 'Kijk, dit is de kaart. Wat wil je? Je kunt alleen kiezen wat op deze kaart staat.'

Dat begrijpt Nanne inmiddels ook wel. 'Maar ik wil geen pil met een lab erin. Ik ben geen patiënt. Je hoeft mij niet te onderzoeken.'

'Dat maken wij uit,' grijnst Har. 'Ik ga de pillen halen.'

Hij loopt weg en even later komt hij terug met een grote tas. Die kiept hij leeg op het tafeltje. Er rollen heel veel ballen uit. Ze zijn zo groot als een tennisbal en ze hebben allemaal verschillende kleurtjes. Er zijn roze ballen en groene, paarse, gele, rode, blauw met witte streepjes … Je kunt geen kleur bedenken, of hij zit erbij.

Har glimt trots. 'Dit zijn pillen met een lab erin. En er valt dus nog best iets te kiezen. Zeg jij maar welke je wilt. Welke kleur vind je het allermooist?'

Er rolt een druppel zweet over Nannes voorhoofd. Hij wil niet kiezen. Wat kan hem de kleur schelen? Hij schudt zijn hoofd. Hij moet ze niet kwaad maken, dus hij blijft beleefd. 'Heel vriendelijk van je, dank je. Maar ik hoef geen pil. Ik mankeer niets. En mijn darmen ook niet. Geef die pillen maar aan iemand die het nodig heeft.'

'Kies een kleur!' gilt An. 'Nu!'

'Pimpelpaars!' zegt Nanne van schrik. O, wat oliedom. Nu moet hij die enorme pil inslikken. Hij had natuurlijk nooit een kleur moeten zeggen. 'Nee … Ik wil geen pil, ook geen pimpelpaarse.'

Maar het is te laat. Har pakt de paarse pil en geeft hem aan An. 'Dame, u mag de pil toedienen!'

'Dank je!' zegt An. 'Wat allervriendelijkst van je. Zo ken ik je niet.'

Met de pil in haar hand draait ze zich naar Nanne. 'Kijk eens jongeman. Ik heb een prachtig pilletje voor jou. Het is een pil met een lab erin. Heerlijk hè?' Doe je mond maar open.

Maar Nanne houdt zijn lippen stijf op elkaar. An

knijpt in zijn neus. Nu moet hij zijn mond wel open
doen. Meteen probeert An de pil erin te stoppen.
Maar nu lukt het Nanne ineens om te gillen. Hij
gilt keihard. Hij lijkt wel een sirene. Hij loeit maar
door en dat is een heerlijk gevoel. Hij kan weer
schreeuwen!

'Hou op! Nanne, stoppen!'
Het is de stem van zijn moeder. Ze schudt hem door
elkaar. 'Nanne, je droomt! Wakker worden!'
Nanne komt overeind en doet zijn ogen open. Hij
zit rechtop in zijn eigen bed. En dat rare tweetal is
nergens te bekennen.
Mama komt naast hem zitten. 'Waar ging je droom
deze keer over?'
En Nanne vertelt het hele verhaal.
Mama schudt haar hoofd. 'We moeten iets doen.
Dit kan zo niet langer. Maar ik haal eerst een glaasje
water voor je.'

Een plan van mam

'Hoe gaat het met je oma?' vraagt Nanne.
'Wel goed.' Floor en Nanne lopen samen van
school naar huis. Floor woont dicht bij Nanne. Haar
huis is maar één straat verder.
'Vandaag gaat de chirurg oma's foute cellen weghalen.
Daarna moet ze nog een paar dagen blijven, zodat de
dokter kan bekijken of ze snel genoeg herstelt. En als
het dan goed gaat, mag ze naar huis.'
'Fijn,' zegt Nanne. 'Je bent vast blij, als ze weer
thuiskomt.'
Floor staat stil. Ze zijn bij Nannes huis. 'Heel erg
blij!'
'Kom je bij mij spelen?' vraagt Nanne dan. 'Ik ben
het ziekenhuis van lego aan het bouwen.'
Floor knikt enthousiast. 'Ik vind het ook leuk om
met lego te spelen.'
Ze gaan door de achtertuin. Dat is handig. De
keukendeur is open.
'Mam! Ik ben thuis,' roept Nanne. 'En Floor is mee.'
Nannes moeder komt de keuken inlopen. Ze is aan
de telefoon. Even legt ze de hand over de hoorn. 'Pak
maar wat te drinken en neem een koekje,' zegt ze
zacht. 'Ik kom zo.'

Nanne pakt appelsap uit de koelkast. Hij schenkt
twee glazen in, eentje voor Floor en eentje voor hem.
De koekjes liggen al klaar op de keukentafel.
'Als mama klaar is, kun je naar huis bellen,' zegt
Nanne.
Dan komt mama de keuken in. 'Ha Floor, ik had je
moeder net aan de lijn. Ik heb meteen gezegd dat je
hier bent.'
'Waarom belde je Floors moeder?' vraagt Nanne.
'Ik vertelde over je nare dromen,' antwoordt mam.
Nanne krijgt een kleur. 'Dat hoeft zij toch niet te
weten.'
'Jawel.' Mama komt bij Nanne en Floor aan tafel
zitten. 'En Floor ook. Je begrijpt zo wel waarom.'

Dan vertelt mama over Nannes nachtmerries. Nanne
kijkt naar de grond. Hij schaamt zich een ongeluk.
Stomme moeder! Dan gluurt hij naar Floor. Lacht zij
hem uit?
Nee. Floor kijkt bezorgd naar hem. 'Wat naar,
Nanne!'
Vervolgens kijkt ze naar zijn moeder. 'Daar kun je
toch niets aan doen? Waarom vertel je het aan mam
en mij? Wij kunnen toch niet helpen?'
'Jawel!' Nannes moeder kijkt trots. 'Ik heb een
heleboel gedaan vandaag. Ik heb ontdekt waar Albert
van den Berg zijn lab heeft. In Enschede. Dat is een

stad hier ver vandaan. Als je met de trein gaat, doe je er zeker twee uur over.'

'Dat lab van Albert van den Berg kan toch in je broekzak?' zegt Nanne nors. 'Het is zo klein dat het in een pilletje past.'

Mama lacht. 'Ik bedoel het lab waar hij die pillen maakt. Dat is in Enschede. En ik heb hem gebeld en verteld over jouw dromen.'

Nanne gromt. 'Welja. Wie heb je niet gebeld?'

'Luister even,' zegt mam. 'Albert van den Berg was heel vriendelijk. Je mag morgen bij hem op bezoek komen in zijn lab. Dan laat hij zien hoe hij zijn pillen maakt. Volgens hem ben je er niet meer bang voor, als je dat hebt gezien.'

Nanne haalt zijn schouders op. Hij schaamt zich nog steeds tegenover Floor. 'Leuk. Maar dan hoef je het toch niet tegen Floors moeder te zeggen. Het gaat haar toch niets aan?'

'Dat begrijp ik ook nog niet,' zegt Floor en ze neemt een grote slok van haar appelsap.

'Floor mag mee naar Enschede,' legt mama uit. 'Maar ik moest eerst aan haar moeder vragen of ze dat goedvond.'

Floor springt op. 'Wat geweldig! Ik wil graag zien hoe die pil gemaakt wordt. Ik snap er niks van: een lab in een pil. Dat moet superklein zijn, dat kan toch niet?' Dan ploft ze terug op haar stoel. 'Morgen is het vrijdag. Dan moeten we gewoon naar school. Daar heb je vast niet aan gedacht.'

Voor derde keer zegt mam trots: 'Jawel! Ik heb de juf ook al gebeld. Ik moet een briefje schrijven naar school om het uit te leggen. En dan mag het. Het is dus allemaal geregeld. Morgen gaan we met de trein naar Enschede, naar het lab van Albert van den Berg.'

Mam straalt. Ze vindt het geweldig, dat zie je zo.

Maar Nanne voelt een knoop in zijn buik. Hij zucht.

'Ik moet naar de wc.'

Hij staat op en loopt weg. Hij gaat op de wc zitten met de deur op slot. Hier kan hij rustig nadenken. Zijn moeder is zo blij met haar plan. Maar Nanne niet. Wat moet hij in dat lab van Albert van den Berg? Hij past er niet in. Dat weet hij zo al. En hij gaat er vast nog meer van dromen. Wat moet hij nu? Hij kent mam goed. Die laat haar plannetje niet meer los. Dat weet hij zeker.

Na een tijdje bonkt Floor op de deur.

'Nanne! Wat is er?'

'Ik heb buikpijn!'

'Is het van dat lab?'

'Ja,' zegt Nanne zacht.

'Het is een gewoon gebouw,' roept Floor door de deur. 'Je hoeft niet bang te zijn. Kom van de wc, dan laat je moeder een foto van het lab in Enschede op internet zien. Het is een laag wit gebouw tussen de bomen, zegt ze. Het ziet er prachtig uit.'

Nanne draait de deur van het slot. 'Oké. Laat maar zien dan.'

Zijn moeder is al in de kamer bij de computer.

'Kijk,' zegt mama. 'Dit is het gebouw en die meneer voor de deur is Albert van den Berg.'

Nanne haalt opgelucht adem. Dat ziet er heel normaal uit. 'Oké. Daar gaan we morgen dus heen.'

Op reis naar Enschede

Vannacht heeft Nanne weer over een heel grote pil gedroomd. En dat hij die moest inslikken. Nu zit hij aan het ontbijt, en hij is verschrikkelijk moe. Dat heb je als je drie nachten slecht slaapt. 'Ik smeer brood voor onderweg,' zegt mama. 'Ik heb broodjes met knakworst en krentenbollen met boter.' Ze stopt van alles in een rugzak. 'Pakjes drinken, appels, snoepjes … Nu heb ik alles.'
'Lekker.' Nanne neemt een hapje van zijn boterham met frambozenjam. Zijn ogen vallen bijna dicht.
'Heb je er zin in?' vraagt mama.
Nanne krabt eens op zijn hoofd. Zin? Dat is het woord niet. Maar mam heeft wel gelijk. Dit kan zo niet langer, elke nacht zo'n vreselijke droom.
'Het is goed dat we naar Enschede gaan,' zegt Nanne dan. 'Maar ik vind het nog steeds een beetje eng.'
De bel gaat. Daar zal Floor zijn. Nanne gaat naar de voordeur. Floor straalt. 'Ik heb er zo'n zin in! Mijn moeder zegt dat het heel bijzonder is, dat we naar dat lab mogen.'
Papa komt de trap af. 'Zijn jullie klaar voor de wereldreis? Dan breng ik jullie naar het station.'
Floor en Nanne gaan samen op de achterbank zitten.

42

De rugzak staat tussen hen in. Nanne denkt aan het lab en Floor hangt met haar hoofd uit het raam. Ze gilt naar iedereen die ze onderweg tegenkomen.
'Hé, Achmed, veel plezier op school vandaag! Wij komen niet!'
En dan wacht ze op de volgende: 'Anna! De groeten aan de juf! Wij gaan naar Enschede!'
Dan zegt pap: 'Doe maar niet meer, Floor. Uit het raam hangen is niet veilig. En dat roepen is niet zo aardig.'
Floor giechelt zachtjes en leunt met haar rug naar achteren. 'Nou ja. Ik vind het ook zo geweldig! Jij niet, Nanne?'
Nanne haalt zijn schouders op.

Maar als ze even later in de trein zitten, wordt het anders. Hij krijgt ineens een feestelijk gevoel. Alsof ze op schoolreisje gaan. Floor heeft gelijk. Dit is super!
Samen kijken ze uit het treinraampje. Langzaam rijdt de trein het station uit. Dan komt hij op snelheid. In een razende vaart zoeven ze langs koeien, schapen en bomen.
'Ik heb een spelletje bij me,' zegt Floor. Ze zoekt in haar tas en legt een pakje kaarten neer. 'Het heet *Stap Op*. Het gaat over fietsen.'
Floor legt het spel uit en de tijd vliegt voorbij.
Er komt een jongen langs, die koffie verkoopt uit een

rugzak. Mama bestelt een kopje en Floor en Nanne nemen ieder een pakje drinken.

Dan roept er een stem: 'Het volgende station is Enschede. Het is het eindpunt van deze trein. Denkt u aan uw persoonlijke eigendommen!'

Enschede. Nanne voelt het kriebelen in zijn buik. Ineens denkt hij weer aan het lab. Het is idioot dat hij het eng vindt. Maar dat komt vast van die dromen.

De trein mindert vaart en komt tot stilstand langs het perron.

'Kom,' zegt mama. 'We gaan op zoek naar de bus.' Mam heeft het nummer van de bus op een briefje geschreven. 'Die is het!' wijst ze. Met grote stappen gaat ze eropaf.

'We moeten naar Mesa+,' vertelt ze de buschauffeur. Hij knikt. 'Ik zeg wel waar jullie eruit moeten.' Ze gaan met zijn drietjes helemaal achterin zitten. Mam houdt de rugzak op schoot.

'Wat is Mesa+?' vraagt Floor.

'Zo heet het lab waar Albert van den Berg werkt.'

'Plus … En ze maken er iets superkleins. Gek,' vindt Floor.

Nanne zegt niets meer. Echt eng vindt hij het niet, maar wel heel spannend. Nu gaat hij de man ontmoeten, die de prijs krijgt. Wat hij heeft bedacht, is echt hartstikke knap. Zo knap dat Nanne het niet snapt. Misschien dat hij er daarom steeds van droomt. Omdat hij het niet kan begrijpen. Zou dat na vandaag anders worden?

'Mesa+!' roept de chauffeur. 'Het is daar achter dat flatgebouw,' wijst hij.

Mam gaat weer voorop en de kinderen volgen. Er lopen en fietsen overal jonge mensen. 'Die studeren hier,' legt mama uit.

Floor ziet het gebouw van Mesa+ het eerst. 'Daar is het! Ik herken het van de foto.'

Er staat een bord dat naar de ingang leidt. Nanne doet de voordeur open.

Ze komen in een lange gang. Maar er is niemand te zien. Hier is geen balie zoals in het ziekenhuis, waar iemand achter zit die de weg weet. Mama loopt de gang in. Bij een deur blijft ze staan. Ze steekt haar hoofd om een hoekje. 'Hallo, we zoeken Albert van den Berg.'

Een mannenstem legt haar uit waar ze hem kunnen vinden.

'Ik weet waar we heen moeten,' zegt mama.

'Daarheen.' Ze loopt verder de gang in.

Nanne en Floor volgen haar. Hier en daar staan deuren open. Erachter staan vreemde machines.

Zouden ze daar het lab in een pil maken?

Albert van den Berg

'Dit moet de werkkamer van Albert van den
Berg zijn,' zegt mama. Ze klopt op de deur.
Die zwaait bijna meteen open. Daar staat hij, Albert
van den Berg. Nanne herkent hem van de televisie:
het vriendelijke gezicht, het donkere haar.
Albert van den Berg kijkt van mama en Floor naar
Nanne. 'Jij moet Nanne zijn,' zegt hij opgewekt.
'Kom binnen. En wie ben jij?' vraagt hij aan Floor,
terwijl hij haar een stevige hand geeft.
Floor vertelt dat ze Nannes vriendinnetje is.
De werkkamer van Albert van den Berg ziet er
gezellig huiselijk uit. Bij het grote raam staat een
bureau met een computer erop. Er staat nog een tafel
met een paar zitkuipjes eromheen.
'Zullen we hier gaan zitten?' stelt Albert van den Berg
voor. 'Pak een stoel, dan haal ik wat te drinken.'
Even later komt hij terug met een dienblad vol plastic
bekertjes. 'Hier is koffie en appelsap voor jullie.' Hij
knikt naar Floor en Nanne.
Albert schuift aan tafel en richt zich tot Nanne. 'Je
moeder vertelde al iets door de telefoon. Maar kun jij
zelf eens uitleggen wat er aan de hand is?'
Dan begint Nanne te vertellen. Over het ziekenhuis,

de rondleiding en over het journaal. 'Ik zag dat u de Spinozaprijs krijgt, voor een lab in een pil.'

'Dat klopt,' zegt Albert van den Berg, trots lachend. 'Die wordt binnenkort uitgereikt. Maar een lab in een pil is toch niet eng? Het is juist heel bijzonder!'

'Dat zei ik ook al!' roept mama meteen.

Dan vertelt Nanne over zijn dromen. Over het ruimteschip in zijn lijf. Over de grote paarse bal die hij moest inslikken.

'Nu snap ik het,' zegt Albert van den Berg.

'Jij begrijpt niet dat een lab zo piepklein kan zijn. En daarom vind je het griezelig.'

Nanne knikt. Dat is het precies. Fijn dat Albert van den Berg zijn nare dromen niet gek vindt.

'Weet je wat we doen?' stelt Albert van den Berg voor. 'Ik probeer je uit te leggen hoe het werkt. Daarna zal ik jullie een rondleiding door het gebouw geven.'

'Gaaf!' Floor lacht breeduit. 'Ik ben heel benieuwd!'

'Let op,' zegt Albert van den Berg. 'Wat wij hier doen, heet nanotechnologie. Nano betekent heel klein.' Hij trekt een haar uit zijn hoofd.

'Au!' zegt Floor.

Albert van den Berg glimlacht. 'Dat viel wel mee. Zie je deze haar?'

Nanne tuurt ernaar. Het is gewoon een donkere hoofdhaar. Vragend kijkt hij naar Albert van den

Berg. Wat wil hij daarmee zeggen?

'Een nanometer is meer dan duizend keer kleiner dan de dikte van die haar. Over zo klein hebben we het dus.'

'Maar dat kun je niet zien!' roept Floor.

'Juist!' zegt Albert van den Berg. 'Zo klein zijn de deeltjes waarmee wij hier bij Mesa+ werken, en soms nog kleiner. Dat kun je dus niet zo met je vingers doen, en ook niet hier op mijn tafel. Ik laat je straks zien waar we dat doen en hoe. Weten jullie wat cellen zijn?'

'Dat weet ik,' zegt Floor. 'De dokter heeft foute cellen bij mijn oma weggesneden.'

Albert van den Berg knikt. 'Wij bouwen met deeltjes die nog kleiner zijn dan cellen. Die maken we los van het materiaal waar ze deel van uitmaken en dan kunnen we ermee bouwen. Het is net als met lego.'

Nanne lacht. 'Dat is toevallig! Wij bouwen ook altijd met lego.'

'Dan snap je wat wij hier doen. Wij zetten hier nanodeeltjes op elkaar. Net als jij blokjes van lego op elkaar zet. Wij kunnen daar nieuwe materialen mee maken die nog niet bestaan. Bijvoorbeeld een nieuw soort plastic dat waterafstotend is. En we kunnen daar ook nieuwe dingen mee bouwen. En dat doe ik.'

'Zo hebben jullie een lab gebouwd,' snapt Floor.

'Dat klopt.'

49

Een ding snapt Nanne nog niet. 'Maar wat heb je daar nou aan? Of je nou een groot lab hebt of een superklein lab?'

Albert van den Berg doet zijn armen over elkaar en vertelt rustig verder. 'Zo'n lab kan de darmen vanbinnen meten en langs heel veel cellen gaan. Nu snijdt een dokter in iemands buik om naar cellen te kijken. Dan kan hij maar een klein stukje vanbinnen bekijken. Zo leuk is het niet om in iemands buik te snijden.'

Nanne rilt. Nee, dat is waar. Dan is het dus beter om zo'n lab in te slikken. Dan hoeft de dokter niet te snijden. Dat had hij nog niet bedacht.

'Wacht,' zegt Albert van den Berg. 'Ik zal je zo'n pil laten zien.' Hij trekt een la open en haalt er een doosje uit. 'Houd je hand maar op.'

Nanne steekt zijn hand uit. Albert van den Berg laat een pil uit het doosje rollen. Die lijkt op een bruine boon.

Nanne kijkt van de pil naar Albert van den Berg. 'Echt? U houdt me niet voor de gek? Zit hier een lab in?'

'Eerlijk waar,' lacht Albert van den Berg. 'Die pil is toch helemaal niet eng?'

'Nee.' Nanne voelt een golf van opluchting door zich heen gaan. 'Dit is echt niet eng. Dit is super! Wat bijzonder! Nu begrijp ik pas echt, waarom u een prijs

krijgt. U moet wel heel slim zijn.'
'Dank je,' grinnikt Albert van den Berg. 'En dan zal
ik jullie nu een rondleiding geven!'

Een rondleiding door het nanolab

Met Albert van den Berg lopen ze door een smalle gang. Hierdoor kwamen ze ook binnen. 'Kijk,' zegt Albert van den Berg. Hij doet een deur open.

'De deeltjes waarmee we werken, zijn heel klein. Dat zei ik al. Dus heb je ook een apparaat nodig, om er de deeltjes mee te kunnen zien.'

Dat begrijpt Nanne wel. 'Ja, want je kunt de deeltjes waarmee je werkt niet zien met het blote oog. Dat zei u net.'

'Weten jullie wat een microscoop is?' vraagt Albert van den Berg.

Dat weet Floor. 'Daarmee kun je iets heel kleins zien!'

Albert van den Berg steekt zijn duim op. 'Heel goed! Maar zelfs met een gewone microscoop kun je de deeltjes waarmee wij werken niet zien. Dat kan wel met deze hier.' Hij wijst naar een apparaat. 'Deze meet met atoomkracht. Een heel dunne naald gaat langs het materiaal waarvan we de deeltjes willen meten. En die meet alle deeltjes die hij tegenkomt. Zo zien we dus, hoe het materiaal in elkaar zit. De microscoop zit vast aan deze computer. Wat de

microscoop meet, komt meteen op de computer.'
Albert van den Berg knikt naar de jongeman die
achter de computer aan het werk is. 'Bedankt dat we
je even mochten storen. Wij gaan weer verder kijken.'
Met zijn vieren gaan ze terug naar de gang.
'Weet je wat ik niet begrijp?' zegt Nanne.
'Hoe je zo'n lab kunt maken. Je kunt het vast niet
met gewone tangen en schroeven in elkaar zetten.
Die zijn vast veel te groot om met die heel kleine
deeltjes te werken.'
'Dat kan ik je in deze kamer laten zien.' Albert van
den Berg blijft weer bij een deur stilstaan. Maar
daarvoor moet je eerst deze speciale bril op.'
Hij haalt een grote bril uit een vakje. Het lijkt een
beetje op een skibril. Nanne zet hem op. Floor en
mam krijgen er ook een. Albert van den Berg haalt
voor zichzelf een bril uit zijn zak. Dan doet hij de
deur open. Midden in de kamer staat een enorm
apparaat.
'Hiermee bouwen we heel kleine gereedschappen in
de goede maat om op een nanomanier te kunnen
werken. En dat doen we met een laserstraal. Dat
klinkt als lezerstraal, maar het heeft niets met lezen
te maken. Die straal is wel gevaarlijk voor je ogen,
daarom moet je die bril op. Ik zal het licht uitdoen.
Dan kun je de straal goed zien.'
Albert van den Berg knipt de lampen uit. 'Let op!'

Een blauwe straal schiet met kleine schokjes door het apparaat.

'Die schokjes noemen we een puls,' vertelt Albert van den Berg.

'Wauw! Het lijkt een beetje op een discolamp!' vindt Floor.

Nanne lacht. Hij vindt het steeds leuker worden. Dit is zo anders dan hij dacht. Dat je met zulke kleine deeltjes kunt werken! Hij vindt Albert van den Berg echt een knappe uitvinder.

'En waar bouwen jullie met die legoblokjes?'

'Kom,' zegt Albert van den Berg. 'Nu gaan we naar het allerleukste deel van ons lab.'

Hij wijst hen de weg door de gangen van het gebouw.

'We gaan naar de stofvrije ruimte.'

Hij wijst door een raam. 'Kijk, daar worden de deeltjes in elkaar gezet.'

Nanne schiet in de lach. Hij droomde van een ruimteschip. De mensen in de stofvrije ruimte zien er heel gek uit. Alsof ze op de maan geland zijn. Ze hebben grote witte pakken aan en gekke brillen op. Een van de mannen heeft zelfs een doekje voor zijn mond.

'Waarom zien ze er zo grappig uit?'

'Dat moet,' vertelt Albert van den Berg. 'We werken daar met heel kleine deeltjes. Wist je dat huisstof ook uit kleine deeltjes bestaat? Huisstof mag niet in ons

bouwwerk komen. Daar wordt het heel anders van.
Dus moeten we ervoor zorgen dat er geen huisstof
bij kan komen. En dat zit overal. Aan je kleren, in je
haren …'
'Daarom hebben ze een capuchon op,' begrijpt Floor.
'Maar waarom heeft die ene meneer een doekje voor
zijn mond?'
'Hij heeft een snor,' legt Albert van den Berg uit.
'En een snor bestaat uit haren. Daar zit dus stof
in. En die andere man daar, die rookt. Als je rookt,
zit er veel stof in je adem. Dat mag ook niet in het
bouwwerk komen. Daarom moet hij ook een doekje
voor zijn mond.
Willen jullie even naar binnen? Dan moet je wel een
pak aan.'
'Knalgaaf!' roept Nanne als eerste. Hij vindt het geen
moment griezelig.
'Ik wacht hier,' zegt mama. 'Anders wordt het te druk
daar.'
Floor en Nanne trekken een wit pak aan, zetten de
capuchon op, en een bril.
'Ik ben een maanmannetje!' roept Nanne.
Albert van den Berg laat zien, hoe er gebouwd wordt
met de atomen. Daar is weer een apart apparaat voor.
'Deze ruimte is niet alleen stofvrij. Er mag ook geen
vocht inkomen,' zegt hij. En hij hoeft niet uit te
leggen waarom. Dat snapt Nanne zo wel. Stel je voor,

een enorme druppel op je nanobouwwerk …

Dan is de rondleiding afgelopen. Albert van den Berg laat zijn gasten nog zien waar nieuwe stofvrije ruimten gebouwd zullen worden. 'Die liggen verder van de weg. Dan hebben we geen last van auto's die langs rijden. Nu is dat wel zo. Soms trilt de lucht maar een klein beetje, als er een langs rijdt. Maar dat kan al teveel zijn.'

Floor giechelt. 'En als je nanobouwwerk dan valt, vind je het nooit meer terug!'

We bouwen een lab!

Het is weekend. Gisteren waren Nanne en Floor met mama naar Enschede. Nanne heeft net ontbeten als de bel gaat. Het is Floor. Nanne laat haar binnen.

'Heb je nog gedroomd vannacht?'

'Ja,' zegt Nanne en hij krijgt een kleur. 'Maar het was een leuke droom. Ik droomde dat ik uitvinder was. En dat ik bij Mesa+ werkte. Ik maakte iets voor een ruimteschip dat naar de maan ging. Ik gaf het aan de bouwer van dat schip. En die was er heel blij mee!'

Mam komt naast Nanne staan. 'Grappig! Dat doen ze daar ook, bij Mesa+. Wist je dat? Een medewerkster vertelde me dat zij een apparaat maakte dat kan meten waaruit stof op de maan bestaat.'

Nanne schudt zijn hoofd. 'Dat wist ik niet. Maar die pakken leken op die van een maanman. Misschien dat ik er daarom van droomde.'

'Dat kan goed,' lacht mam. 'Blijf je spelen, Floor?'

'Als het mag.' Floor houdt een tas omhoog. 'Ik heb mijn lego bij me.' Ze kijkt naar Nanne. 'Zullen we ons eigen lab bouwen?'

'Goed!' Nanne doet de deur van de kamer open.

'Hier op het vloerkleed gaat dat het fijnst.'
Floor komt naast hem op de grond zitten. 'Dit is mijn grondplaat. Heb jij er ook een? Dan leggen we ze tegen elkaar.'
Nanne pakt zijn grootste grondplaat. 'Hierop maken we de stofvrije ruimte.'
'En ik maak hier dat ding met die laserstraal.'
'Wacht,' zegt Floor ineens. 'Weet je wat we eerst doen? We maken een tekening. Van wat waar moet. En dan bouwen we het na.'
Nanne pakt potloden en papier. 'Prima idee!'
En samen zetten ze alles op papier wat ze gezien hebben. Het wordt bijna een soort landkaart. Eerst tekent Floor de kamer van Albert van den Berg. Nanne maakt de gang eraan vast. 'Hier was die kamer met die microscoop.'
'En hier die met die laserstraal …' Floor maakt de kamer ernaast.
'O wacht, hier moet het vakje voor de brillen.'
Ze maken een prachtige plattegrond.
Dan komt papa de kamer in. Hij is net naar de supermarkt geweest.
Nanne laat hun tekening zien. 'Kijk, zo zag het eruit, gisteren.' En hij vertelt wat in welke kamer te zien was.
'Heel goed, jongens!' zegt pap. 'Maar miste je niets in dat lab? Dan kun je het er nu bij maken.'

'Ja!' Nanne tekent een rechthoek in de gang. 'Dit is een balie. Net als in het ziekenhuis. Daar zit iemand die je de weg wijst.'

Floor maakt een nog veel grotere rechthoek. 'En dit is het restaurant! En daar werken An en Har nu! In het ziekenhuis zijn ze ontslagen nadat Har met de mixer rondrende.' Ze slaat een hand voor haar mond. 'Het spijt me verschrikkelijk. Ik dacht er niet aan, dat jij ze griezelig vond. Straks droom je nog van hen. En dan is het mijn schuld.'

'Hoe zien die rare koks eruit?' vraagt papa. 'Ik wil nou wel eens weten wat er zo eng aan hen was.'

'Dit is Har.' Floor tekent een lange slungel. Hij ziet er grappig uit.

'Niet echt een monster,' vindt papa.

'En dit is An.' Nanne tekent een dikke, kleine vrouw. Hij zet haar een witte koksmuts op.

'Die collega is ook niet echt eng,' vindt papa.

Nanne kijkt nog eens naar het papier. 'Nee, je hebt gelijk. Dat zijn ze ook niet. Maar toen we er met de klas waren, hadden ze ruzie. Har rende met een draaiende mixer achter An aan. Ze schreeuwden tegen elkaar.'

'Ik vond dat niet eng,' zegt Floor. 'Ik vond ze eigenlijk heel grappig. Het waren allebei sukkels. En An leerde koken door naar de televisie te kijken. Ze keek altijd naar de tv-show van Piet en Riet. Dat is toch

dom? Heeft ze niet leren koken op de koksschool?'
Nanne denkt na en begint te lachen. 'Het is waar.
Het waren echte sukkels. Ik was ook niet bang voor
ze. Mijn dromen kwamen meer door alles samen,
denk ik.'
'Dat lijkt me ook,' zegt papa. 'Ik ga de boodschappen
uitpakken.'
Floor springt op. 'En wij gaan bouwen!' Ze pakt de
tekening op en legt die op de grond. 'Zullen we eerst
de gang doen? Dan bouwen we de rest eraan vast.'
Nanne zoekt legoblokjes uit voor de gang. Hij legt ze
op een hoop. 'Zullen we de blauwe blokjes voor de
gang doen?'
Even later zijn ze hard aan het werk. Ze horen
papa niet meer binnenkomen. Die zet twee glaasjes
limonade zachtjes op tafel.

Floor en Nanne bouwen de hele dag. Ze hebben het
zo vreselijk druk, dat ze niet merken dat het steeds
later wordt.
'Het is al vijf uur!' roept mama ineens verschrikt.
Ze komt bij het legolab kijken. 'Wat is het prachtig!
Het lijkt precies. Weet je wat misschien wel aardig
is? Als je de tekening van het lab naar Albert van den
Berg stuurt. Het was toch heel vriendelijk dat hij ons
wilde rondleiden.'
'Goed idee!' vinden Floor en Nanne allebei.

Oma komt weer thuis

Een paar dagen later rinkelt de telefoon. Het is
Floor. 'Ha Nanne, ik heb goed nieuws. Mijn
oma mag naar huis. We gaan haar ophalen uit het
ziekenhuis. Wil je mee? Dan moet je meteen komen,
want we gaan zo weg.'
'Ik kom er aan!' roept Nanne. Hij legt de hoorn neer
en trekt zijn jas aan.
'Pap, ik ga naar Floor! We gaan haar oma ophalen uit
het ziekenhuis.'
Pap komt rustig de trap aflopen. Hij heeft net de was
opgehangen. 'Dat is geweldig nieuws! Ben je weer
thuis voor het eten?'
'Dat denk ik wel!' Nanne trekt de voordeur achter
zich dicht en rent de straat uit. De hoek om, en dan
is hij er.
Floor en haar moeder zitten al in de auto. Floor doet
het portier open. 'Kom je bij mij op de achterbank?'
Nanne stapt in, doet zijn gordel om en Floors
moeder geeft gas. Even later stoppen ze bij het
ziekenhuis. 'Weet je wat?' zegt Floors moeder.
'Wachten jullie in het restaurant. Hier is geld, dan
kun je wat drinken kopen en iets lekkers. Ik ga naar
boven en haal oma op. We moeten nog even met

dokter Pinedo praten. Als we klaar zijn, komen we jullie ophalen.'

Nanne aarzelt. Naar het restaurant? Als het aan hem ligt, gaat hij daar nooit meer naartoe.

Maar Floor zegt: 'Kom op!' Ze trekt hem mee het restaurant in. Het is er druk. Veel tafeltjes zijn bezet. En er staat een flinke rij bij de kassa.

'Wij gaan iets uitzoeken.' Floor loopt naar de grote balie. Daar zijn ze de vorige keer niet geweest, omdat alles toen al klaargezet was door An en Har. Maar als je normaal gesproken in het restaurant komt, moet je naar de grote balie. Het is glazen vitrine waarin belegde broodjes, gebak en schaaltjes salade of yoghurt liggen uitgestald. Daar kun je allemaal uit kiezen.

'Ik wil zo'n taartje en jij?' vraagt Floor. Ze wijst met haar vinger naar een stukje fruittaart.

Het kan Nanne niet zoveel schelen. Hij voelt zich hier niet op zijn gemak. 'Dat wil ik ook wel.'

'En wat willen jullie drinken?' Achter de balie verschijnt kok Har. Nannes hart slaat een slag over, maar kok Har lacht naar hem. Die weet natuurlijk niet van zijn gekke dromen.

'Wij willen graag sinas,' zegt Floor.

'Prima!' Kok Har geeft haar twee blikjes aan.

Achter hem verschijnt kok An.

'Je moet niet die blikjes geven, maar deze!'
Met haar billen duwt ze Har opzij en ze geeft Floor
twee andere blikjes.
Har zucht. 'Weet je dat we morgen tien jaar
getrouwd zijn?' zegt hij tegen Floor. 'En we doen al
tien jaar zo tegen elkaar. Gek hè?'
An lacht. 'We houden gewoon van ruzie maken. Dat
kan toch ook?'
Nannes mond valt open. Zoiets geks heeft hij nog
nooit gehoord.
Floor neemt de blikjes aan. 'Gek hoor! Maar als jullie
het leuk vinden …'
'Ja,' zeggen Har en An in koor. 'Wij vinden het
heerlijk!'
Nanne voelt zich vreemd opgelucht. Hij loopt naar
Floor. Die zit al aan een tafeltje. 'Zo griezelig zijn die
Har en An dus niet!'
Ze eten hun gebak en kijken rond. Er is hier genoeg
te zien. Een man in een blitse rolstoel, een jongetje
met een rollator, een meisje op krukken …
'Hé, daar is oma!' roept Floor ineens. Oma komt
samen met Floors moeder het restaurant in. En de
man die bij hen is, kennen ze ook. Het is dokter
Pinedo.
'Je oma is weer helemaal gezond!' zegt hij tegen
Floor. 'De chirurg heeft de foute cellen uit haar
darmen gehaald.'

'Weet u,' zegt Nanne. 'Er is een heel handige uitvinding. Daar heeft u misschien iets aan. Het is een lab in een pil. En die kan heel vroeg zien, of cellen fout zijn. En dat lab belt u dan gewoon op!' Floor valt hem bij. 'Dat is echt heel handig voor u! We waren bij Albert van den Berg in Mesa+ en die heeft ons de pil laten zien. En hij heeft verteld hoe hij die maakte.'

Dokter Pinedo begint te lachen. 'Dat is goed nieuws! Maar ik wist het al. Ik heb de pil samen met Albert gemaakt. En die pil is heel handig voor dokters zoals ik.'

Floor wordt vuurrood. 'Wat stom! Dat wisten we niet.'

Dokter Pinedo legt een hand op haar schouder. 'Tuurlijk wist je dat niet. Hoe was het bij Mesa+?'

'Ik vond het er erg leuk,' zegt Nanne. 'Ik denk dat ik later ook met nanotechnologie ga werken. Het is net zo leuk als met lego bouwen. Alleen mag ik dan geen snor.'

Dokter Pinedo kijkt hem niet-begrijpend aan. 'Geen snor? Wat heeft dat nou met nanotechnologie te maken?'

Nanne legt het hem uit. 'Dat is niet handig in de stofvrije ruimte. Daar moet je een kapje voor je snor. Dan kun je beter maar geen snor hebben!'

Nanotechnologie

In Enschede staat Mesa+, het Instituut voor Nanotechnologie op het terrein van de Universiteit Twente. Het is een van de grootste nanolabs van de wereld!
Albert van den Berg krijgt echt de Spinozaprijs voor zijn lab op een chip. Ook maakt hij een lab in een pil. En dat doet hij samen met dokter Pinedo. Het zal alleen nog wel tien jaar duren voordat de pil te koop zal zijn, want hij moet natuurlijk wel heel goed getest worden.
Albert van den Berg heeft mijn verhaal gelezen om te kijken of het klopte. Bedankt daarvoor Albert!

Om dit boek te schrijven, kreeg ik een rondleiding bij Mesa+. De directeur van Mesa+ heet Dave Blank. Hij heeft me veel uitgelegd over het nanolab en wat ze daar doen. Dat kon hij goed en ik vond het er net zo spannend als Nanne en Floor. Bedankt, Dave!
De apparaten waarover ik het heb, staan daar echt. En de stofvrije ruimte is er ook!
Vlak naast Mesa+ wordt nu een nieuw nanolab gebouwd. Dat moet binnenkort klaar zijn.
Ik vind het heel stoer, wat ze bij Mesa+ doen. Er is in

de toekomst heel veel mogelijk met nanotechnologie.
Veel te veel om allemaal in dit boek te bespreken.
Eén ding heb ik wel genoemd: en dat is de meter die
op de maan gebruikt wordt. Die bestaat ook echt.
Maar er kan nog veel meer. Op internet kun je er
filmpjes over zien. Er zijn ook filmpjes waarin Dave
Blank zelf uitlegt, hoe het werkt en wat er in de
toekomst kan.
Je kunt een filmpje vinden op www.zie.nl. Je moet
dan in de zoekbalk Dave Blank intikken.

Martine Letterie

Bette Westera
Appeltje eitje

Appeltje eitje is een boek vol versjes over eten,
drinken en vrolijk zijn.
Er staan gedichtjes in over smakkende vaders,
neuspeuterende reuzen en rare kannibalen.
Maar ook spannende recepten en grappige raadsels.
Weet jij bijvoorbeeld hoeveel olifanten eten?

Met tekeningen van Paula Gerritsen

Els Rooijers
Pareltje en de rapwedstrijd

Pareltje heeft erge geldnood.
Daarom stuurt ze een mailtje:

Ali B,
Ik, Pareltje, ben negen jaar en kan veel beter
rappen dan jij.
Geloof je me niet? Dan daag ik je uit voor een wedstrijd.
Drie liedjes ieder. Wie wint krijgt duizendmiljoen.
Durf je het aan of ben je een schijtkippie?
De hartelijke balle, Pareltje

Wat zal Ali B antwoorden?
En gaat hij de uitdaging aan?

Met tekeningen van Camila Fialkowski

Dirk Nielandt
Terug naar Dievenschool

Rolf komt uit een familie vol dieven. Zijn vader
stuurde hem naar de dievenschool. Maar Rolf liep
daar weg. Hij keerde er in het tweede verhaal terug
als geheim agent.

Ook in dit derde verhaal gaat Rolf als geheim agent
terug naar Dievenschool. Maar de school heeft een
nieuwe baas: een man met een masker.
Wie is die man? denkt Rolf. Waar ken ik hem van?
Wanneer de man zijn masker afzet, is het voor
Rolf een grote schok.
Het begin van een spannend avontuur!

Met tekeningen van Helen van Vliet

Martine Letterie
Stinky Bill speelt poker

Het is rustig in Smell City, de plaats waar Stinky Bill
sheriff is. Dan wordt er een saloon geopend. Het hele
dorp speelt opeens poker. Stinky Bill ziet er geen kwaad
in. Maar zijn neefje Richard Scheet ontdekt iets over
de geheimzinnige eigenaar …

Met tekeningen van Annette Fienieg